Cuentos selectos

Cuentos selectos

LIBSA

Edición especial para Mundicrom
Es una marca registrada de Libertad S.A.
www.libertadsa.cl • liber@libertadsa.cl

© 2014, Editorial LIBSA, S.A.
c/ San Rafael, 4
28108 Alcobendas Madrid
Tel.: (34) 91 657 25 80
Fax: (34) 91 657 25 83
e-mail: libsa@libsa.es
www.libsa.es

ISBN: 978-84-662-2184-9

Contenido

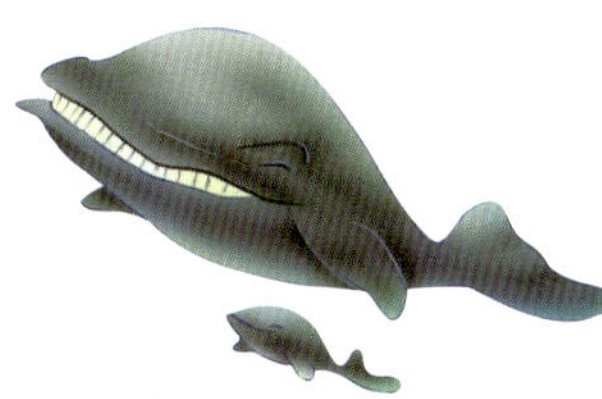

El libro de la selva

Un día, Baghera, la pantera negra, encontró un bebé en una cesta que flotaba en el río. Sin dudarlo ni un momento, lo llevó a la cueva de la loba, que acababa de tener crías. Ésta lo adoptó y crió como si fuera su hijo, y le puso de nombre Mowgli.

Cuando Shere Khan, el malvado tigre devorador de hombres, se enteró de su existencia, salió en su busca con intención de matarlo. El consejo de la selva se reunió para tomar una determinación.

Mowgli debía ir a la aldea del hombre.
Baghera se ofreció voluntaria para acompañarle.

Al día siguiente, Baghera invitó al niño a dar un paseo. Durante el camino, la pantera confesó a Mowgli que le llevaba a la aldea del hombre por temor a Shere Khan. Mowgli no quería ir; él quería estar en la selva, junto a su mamá loba y los que le querían, pero Baghera se mostró firme.

A la mañana siguiente se pusieron otra vez en camino y se encontraron con Baloo, el oso perezoso y más divertido de toda la selva. Mowgli se lo estaba pasando en grande y Baghera se marchó enfadada.

Apenas había dado unos pasos cuando oyó a Baloo gritar. Unos monos habían raptado a Mowgli y lo llevaban al antiguo palacio, donde vivía el rey de los simios.

Sin dudarlo, el oso y la pantera corrieron en su ayuda. Mientras Baloo se enfrentaba a ellos, Baghera montó sobre su lomo a Mowgli y huyó hacia la selva. El cielo amenazaba con una tormenta.

Entre tanto, Shere Khan apareció y le arrebató el muchacho a la pantera. Mowgli golpeaba al tigre con una rama seca cuando cayó un rayo y la prendió.

Mowgli ató la rama ardiendo al rabo del tigre, que huyó a toda velocidad.

Días después llegaron a la aldea del hombre. Allí Mowgli, curioso, se adentró en el poblado en busca de nuevas experiencias. Entonces, vio por primera vez a otro ser humano. Baloo y Baghera sabían que allí Mowgli sería feliz.

Robin Hood

Robin Hood, noble fiel al rey
Ricardo de Inglaterra, se vio
obligado a huir al bosque
cuando el hermano del rey,
Juan, se hizo con el poder.

Allí organizó un grupo
para luchar contra el príncipe Juan.

Robin y su gran amigo Pequeño Juan
decidieron asaltar la comitiva del príncipe
para recuperar los impuestos cobrados
a los pobres campesinos.

Decidieron repartir el oro y las joyas que recuperaron entre los más pobres, hecho que convirtió a Robin Hood en un héroe para el pueblo.

ROBIN
1000

El príncipe Juan, sabiendo que su protegida Lady Marion y Robin estaban enamorados, organizó un torneo de arqueros en el que el ganador obtendría un pañuelo de la bella dama. De este modo el príncipe pretendía atrapar al bandido.

Robin acudió sin pensarlo, pero el pueblo salió en su defensa y el héroe consiguió huir llevándose con él a Lady Marion. El príncipe Juan montó en cólera y decidió aumentar los impuestos en venganza. Además, aquél que no pagara sería encarcelado de por vida.

Como nadie podía pagar, las mazmorras del castillo estaban atestadas de prisioneros. Robin Hood no quiso abandonarlos, así que, acompañado de Pequeño Juan y haciendo gala de su astucia, asaltaron la fortaleza al anochecer. Consiguieron liberar al pueblo y recuperar el oro, ya que al entrar en el castillo de Juan, encontraron que el muy avaro dormía rodeado de bolsas llenas del oro de sus súbditos.

Cuando estaban a punto de escapar, la guardia real se les echó encima, pero la aparición del verdadero rey Ricardo les salvó.

La lealtad de Robin Hood fue premiada por el rey Ricardo.

Pocos días después, el rey concedió a Robin la mano de Lady Marion. Todo el pueblo de Nottingham acudió a la boda y el propio rey fue el padrino.

El lobo y los siete cabritillos

Mamá cabra tenía
siete hijitos.
Un día, su prima
enfermó y tuvo
que ir a cuidarla.
—No abráis la puerta
a nadie.
Hay un lobo
cerca y os puede
comer –les dijo
a sus hijos
antes de irse.
Los cabritillos
lo prometieron.

El lobo, que estaba al acecho, golpeó la puerta de la cabaña queriendo engañar a los cabritillos, pero éstos reconocieron su voz ronca y se negaron a abrir la puerta. El lobo decidió aclararse la voz tomando claras de huevo.

Pero con esto tampoco consiguió su propósito: los cabritillos le pidieron que enseñara la pata por debajo de la puerta y así se dieron cuenta del engaño. El lobo, furioso, fue a la panadería, metió una pata en harina y consiguió dejarla blanca como la de mamá cabra. Esta vez los pobres cabritillos le creyeron y abrieron la puerta de inmediato.

Cuando el lobo estuvo dentro, los cabritillos intentaron defenderse, pero nada pudieron hacer.
La fiera los devoró de un bocado.

Una vez terminado el festín,
el lobo huyó al bosque para
dormir una plácida siestecita.

Cuando mamá cabra regresó, no vio a ninguno de sus hijos. Ante el desorden reinante, pensó que habían hecho alguna travesura y que debía imponerles un severo castigo.

Pero cuando después de un
buen rato no les encontró,
imaginó la tragedia
que había ocurrido.

Horrorizada, corrió al bosque en busca de ayuda. Encontró a un leñador que, cuando supo lo ocurrido, cogió el hacha y partió en busca del lobo. Siguieron sus huellas y le encontraron durmiendo debajo de un árbol.

Con el hacha, el leñador
abrió la tripa del lobo
y los cabritillos salieron sanos
y salvos. En su lugar, metió
cuantas piedras pudo encontrar.

Al despertar, el lobo sintió
una sed terrible y se dirigió al río.
Al inclinarse para beber, el peso
de las piedras le hizo caer al río
y ahogarse.

Los siete cabritillos, locos
de alegría, abrazaron
a su mamá y prometieron
no volver a desobedecer.
Tal susto les había
servido de escarmiento.

El sastrecillo valiente

Había una vez un sastrecillo que vivía del trabajo que le daba la gente del pueblo. Una mañana, al disponerse a desayunar la mermelada que él mismo hacía, encontró en ella a un grupo de moscas que estaban dándose un buen festín. Muy enfadado, el sastrecillo cogió un trapo y de un solo golpe mató a siete.

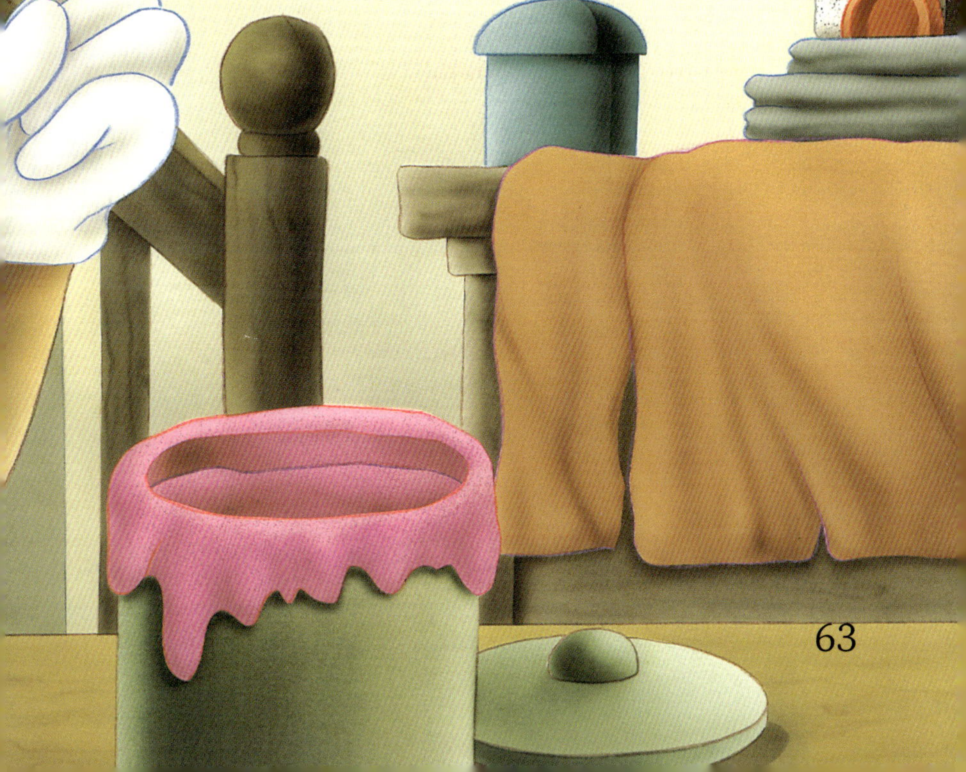

Para recordar
su valentía se hizo
un cinturón
en el que se leía:
«Yo maté a siete»,
y se echó a la calle
para que todo
el mundo conociera
su hazaña.

El primero que lo leyó fue un gigante que, impresionado por su valentía, le invitó a dormir en la guarida de los gigantes. Pero allí uno de ellos intentó matarlo por envidia.

Nuestro héroe huyó y consiguió
llegar hasta un castillo,
donde el rey, informado
de su valor, le mandó llamar.

Le pidió que matara
a dos ogros que
vivían en sus bosques,
y a cambio
le concedería la mano
de su hija.
—Si he podido con
siete, podré con dos,
Majestad –aseguró
el sastrecillo.
Y sin pensarlo más,
se puso en camino.

El valiente sastrecillo se subió a un árbol cercano a la guarida de los ogros y se dedicó a tirarles piedras. Los ogros, que dormían en ese momento, se echaron la culpa mutuamente y acabaron a palos.

Pero el rey le pidió un par de servicios más: debería atrapar al unicornio que vivía en el bosque. Para ello, el sastrecillo engañó al animal haciéndole embestir contra un árbol. Así, su cuerno quedó clavado en la madera y nuestro amigo consiguió atraparlo.

La última hazaña consistía en atrapar a un fiero jabalí. El valiente sastrecillo consiguió que el jabalí entrara en una capilla, capturándolo.

Ante la probada valentía del sastrecillo, el rey ya no tuvo más remedio que cumplir su promesa.

La boda se celebró de inmediato y el sastrecillo fue el rey más valiente de la historia.

Pulgarcita

Había una vez una mujer cuyo mayor deseo era tener un hijo. Después de muchos años sin conseguir nada, acudió a una hechicera, la cual le dio una semilla para que la plantara. De la semilla nació una flor y, de la flor, una niña tan diminuta como un dedo pulgar. Así, pues, su madre decidió llamarla Pulgarcita.

La niña vivía feliz junto a su madre hasta que un sapo, vecino de la aldea y fascinado por su belleza, decidió casarse con ella. Temeroso de ser rechazado, en lugar de pedir su mano la secuestró y la pobre niña, aterrorizada, tuvo que pedir a los peces que le ayudaran a escapar. Subida en una hoja de nenúfar, la arrastraron a la orilla.

Cayó justo al lado de un gran saltamontes. Éste también se enamoró de la niña y le pidió su mano. Pulgarcita pensó que, de momento, sería mejor aceptar y pensar en la forma de regresar a casa.

El saltamontes,
loco de alegría,
organizó una fiesta
para presentársela
a sus amigos.

Esperaba sorprender a todos con la belleza de su novia, sin embargo, el efecto fue el contrario: todos quedaron horrorizados. El saltamontes, muerto de vergüenza, echó a Pulgarcita de su lado.

La pobre niña vagó durante días intentando encontrar el camino de vuelta a casa. Cuando estaba al límite de sus fuerzas, vio en el tronco de un árbol una puerta diminuta.

Llamó, pero antes de que abrieran, cayó desmayada.

Al despertar, se encontró con una graciosa y bondadosa ratoncilla que le invitó a pasar el invierno en su casa. Pulgarcita aceptó encantada.

Pasaron los días y, la ratoncilla, comunicó a la niña que aquella tarde harían una visita al soltero más rico de toda la comarca, el señor topo.

Para ir a casa del señor topo había que atravesar un pasadizo. Allí Pulgarcita encontró un pájaro medio muerto y, olvidando la visita, enseguida corrió en su ayuda.

Cuidó de él hasta que consiguió recuperarse del todo. Se hicieron muy buenos amigos y, cuando Pulgarcita le contó su historia, el pájaro prometió llevarla con él.

En un bello paraje, el pájaro depositó
a Pulgarcita sobre una flor en cuyo interior
había un joven tan diminuto como ella.
Al instante se enamoraron y el pájaro avisó
a la madre de Pulgarcita
para que acudiera
a la boda.

Simbad el marino

Simbad el marino era un rico caballero de la ciudad de Bagdad. Todos los días, desde su balcón, observaba a un pobre cargador que se quejaba de su mala suerte. Cansado de oír siempre aquellas quejas, Simbad le invitó a su casa.

Una vez allí, le dijo:

—Voy a contarte cómo llegué a ganar mi fortuna que, como podrás comprobar, no me ha llovido del cielo.

«Siendo muy joven me embarqué con unos comerciantes hacia países lejanos. Desembarcamos en una isla que resultó ser una enorme ballena; ésta, asustada, nos lanzó al agua. Yo fui el único que se pudo salvar.»

Interrumpió
su relato, añadiendo
que continuaría al día
siguiente, y dio cien monedas de oro
al cargador, que prometió volver.

Al día siguiente, Simbad siguió contándole: «Después de aquello volví a embarcarme, y esta vez fui a parar a un valle lleno de diamantes. Allí cargué una bolsa con piedras preciosas y le entregué parte a un hombre para que me llevara a Bagdad».

«La vida en Bagdad me aburría y volví a embarcar...», le contó Simbad al día siguiente.

«Pero el barco naufragó y llegamos a una isla habitada por enanos salvajes. Nos llevaron ante un gigante con un solo ojo que se alimentaba de carne humana. Tuve suerte y pude huir sin ser devorado». Simbad entregó otras cien monedas al cargador, citándole para la jornada siguiente.

«El destino me volvió a llevar a una tierra en la que sus habitantes vivían atemorizados por una tribu de caníbales. Ayudé al rey a librarse de ellos y a cambio me entregó en matrimonio a su hija. Pero al poco tiempo quedé viudo y, según su costumbre, me enterraron en una cueva con ella y todos nuestros bienes».

Simbad salió ileso del episodio, y todo se lo fue contando al cargador, quien recibía día tras día cien monedas de oro. «Mi última aventura fue una misión que me encargó el califa. Fui capturado por los piratas, vendido como esclavo y, tras muchas peripecias, logré llegar de nuevo a Bagdad».

«El califa me premió con una fortuna. Volví a casa decidido a no abandonarla jamás».

—Como habrás comprobado, mis riquezas no han caído del cielo –dijo Simbad.

—Siento mucho haberme quejado de mi suerte –se disculpó el cargador–. No conocía vuestra valiente historia.

Simbad entregó cien monedas más al cargador y además le pidió que aceptara ser su huésped para siempre.

Caperucita Roja

Al lado del bosque vivía una niña a la que llamaban Caperucita, por la caperuza roja que llevaba.

Un día su abuela enfermó
y su mamá le dijo:
–Llévale esta tarta a la
abuelita, pero no hables
con nadie por el camino.

En cuanto se adentró en el bosque,
los animalitos, que eran sus amigos,
acudieron a saludarla.
—No tengo miedo–les dijo–;
vosotros me protegeréis.

Al llegar a un cruce de caminos apareció un enorme lobo.

—¿Dónde vas? –le preguntó el malvado animal con la voz más dulce que pudo fingir.

—A ver a mi abuelita enferma –respondió Caperucita–. Vive al otro lado del bosque.

—Pues si tomas ese atajo llegarás antes –mintió el lobo señalando el camino más largo.

Ella le dio las gracias y siguió su consejo.

Cuando la niña se alejó, el lobo corrió a casa de la abuelita. Golpeó la puerta, se hizo pasar por su nieta y, una vez dentro, se la comió. Luego se puso las ropas de la anciana y se metió en la cama a esperar a Caperucita.

La niña llegó y se acercó a la cama,
donde estaba el lobo bien tapado.
Al verle, Caperucita exclamó:
—¡Abuelita! ¡Qué orejas tan grandes tienes!
—Son para oírte mejor –respondió el lobo.
—Y... ¡Abuelita, qué ojos tan grandes tienes!
—Para ver mejor a mi nietecita –volvió a mentir.
—¿Y esos dientes tan afilados?
—¡Son para comerte mejor!
–rugió el lobo
tragándosela de
un solo bocado.

Los animalitos del bosque,
que lo habían visto todo,
llamaron al cazador y, con su ayuda,
ataron al lobo de un árbol,
cabeza abajo, para que expulsara
así a Caperucita y a su abuelita.
Afortunadamente,
salieron sanas y salvas.

El lobo empezó a patalear
pidiendo que lo bajaran,
pero no le hicieron caso hasta
que prometió portarse bien.
Finalmente, se retiró avergonzado
entre las burlas y risas de todos.

La abuelita se curó del susto y, entre todos, celebraron una merienda en su casa del otro lado del bosque.

El patito feo

La pata Tina esperaba el nacimiento de sus patitos. Cuando llegó el momento, uno por uno fueron saliendo de su cascarón. Tan solo uno de ellos, el más grande, parecía no poder salir.

Al cabo de un rato, la blanca envoltura dejó paso a un extraño patito, mucho más oscuro que el resto. «Bueno, ya cambiará», pensó mamá pata mirando con dulzura a su nuevo hijito.

El tiempo pasaba y el extraño patito no cambiaba. Todos los animales del corral se burlaban de él y le llamaban «el patito feo».

El pobre patito no lo pudo soportar y decidió marcharse lejos de allí.

Caminó y caminó sin rumbo fijo hasta que se hizo de noche. Tenía muchísimo miedo, pero también estaba hambriento y cansado. El sueño pudo con él y se quedó profundamente dormido.

Un chapoteo muy ruidoso le despertó a la mañana siguiente. Abrió los ojos y se dio cuenta de que estaba al lado de una bonita charca, en la que un grupo de patos salvajes jugueteaba alegremente.

Se puso muy contento y decidió entablar conversación con aquellos alborotadores amigos.

Un disparo de escopeta hizo que los patos huyeran y, de nuevo, el patito volvió a quedarse solo.

Al poco tiempo, el patito se quedó a vivir en una granja, donde le daban de comer y podía dormir calentito cerca de la lumbre.

Pero su necesidad
de agua le obligó a marcharse
para buscar un nuevo sitio
donde vivir.

Anduvo sin rumbo fijo durante días y días, hasta que encontró un lago. Allí aprendió a vivir de lo que la naturaleza le ofrecía.

Nuestro amigo crecía día a día y, sin darse cuenta, su aspecto iba cambiando. Cuando veía a los cisnes que volaban por la zona no podía remediar sentir envidia; ¡eran tan bellos y majestuosos!...

Cuando llegó la primavera,
un grupo de aquellos
hermosos cisnes vino
a vivir a la laguna.
Enseguida se acercaron al
patito para hablar con él.

El «patito feo» no podía creer que aquellas hermosas criaturas quisieran ser sus amigos; él era tan feo y desgarbado. De repente, su reflejo en el agua le dejó boquiabierto.

Por fin se dio cuenta de la verdad:
él mismo era uno de aquellos
hermosos cisnes.
Se unió a la bandada y vivió feliz
para siempre.

Los tres cerditos

Éranse una vez tres hermanos
cerditos que decidieron
construir cada uno su propia casa.
El menor, que no era muy trabajador, la hizo
con sólo unos palos y unos puñados de paja,
así que la terminó en un periquete.

Entonces fue a reunirse con su hermano mediano, al que tampoco le gustaba trabajar demasiado y había construido su casa con tablones de madera.

Los dos cerditos, orgullosos de su trabajo, fueron a buscar al hermano mayor.

Éste no había terminado aún,
porque estaba construyendo una casa sólida,
con ladrillos y cemento. Sus hermanos se rieron
de él al verle tan ocupado y se fueron al bosque
a jugar. Allí se tropezaron con el lobo y, muertos
de miedo, corrieron cada uno hacia su casa.

El cerdito pequeño se encerró en su hogar de paja, pero al lobo le bastó con soplar para hacerla volar por los aires. El cerdito, asustado, huyó hacia la casa de su hermano mediano. Cuando llegó el lobo, sólo tuvo que soplar un poco más fuerte para derrumbar la casa de madera.

Entonces los dos cerditos corrieron hacia la casa del hermano mayor, que acababa de terminarla, y se escondieron muertos de miedo porque el lobo les seguía de cerca… pero por más que sopló y sopló, no consiguió mover ni un ladrillo.
Pero como no quería quedarse sin su cena, decidió entrar por la chimenea.

El cerdito mayor, que era muy previsor, puso una gran olla con agua sobre el fuego de la chimenea y cuando el lobo cayó, se puso a gritar:

—¡Socorro! ¡Que me quemooo!

El salto que dio fue tan alto,
que salió despedido
por la chimenea
y con el rabo ardiendo.
Desapareció de allí
tan deprisa que
nunca más se le
volvió a ver.

—Nos has salvado la vida –le agradecieron los dos cerditos a su hermano mayor.

—Bueno, así aprenderéis que es mejor hacer las cosas bien, aunque cueste un poco más.

Entonces, juntos, se pusieron a cantar y jugar.

Los viajes de Gulliver

El joven Gulliver, médico de profesión,
decidió emplearse en un barco
para ir en busca de fortuna.
En uno de sus viajes el barco naufragó,
quedando Gulliver a merced de las olas.
Luchó con todas sus fuerzas y nadó
durante varias millas.

Al llegar a tierra firme se dejó caer desfallecido. Cuando se despertó, no podía creer lo que veían sus ojos.

Un ejército de diminutos hombrecillos
le lanzaba pequeñas lanzas que le hacían
sentir como si tuviera miles de alfileres
clavados en su piel.
Cuando consiguió tranquilizarlos, los hombrecillos
le explicaron que se encontraba en Liliput
y que debía considerarse su prisionero.

Gulliver, con voz calmada, les pidió
que por favor no se asustaran
y les contó de dónde venía.

Le llevaron ante el
emperador, quien le
pidió ayuda para
luchar contra los
enemigos que
habitaban la
isla vecina.

A cambio de su ayuda, Gulliver recibiría comida y un hogar para vivir. Nuestro amigo decidió colaborar; al fin y al cabo le caían bien esos simpáticos hombrecillos. Así pues, se metió en el mar y, de cuatro zancadas, atravesó el estrecho. Cuando llegó al otro lado, amarró todos los barcos de la flota enemiga y, tirando de ellos, regresó a Liliput.

En agradecimiento, los liliputienses le ayudaron a volver a casa. Gulliver regresó a su hogar, pero le gustaba tanto navegar que poco tiempo después volvió a embarcarse. Durante la travesía el agua empezó a escasear y los marineros se vieron obligados a ir hasta la costa para buscar un río donde abastecerse.

Gulliver se hizo cargo de la expedición y aprovechó para buscar hierbas medicinales.

Cuando más entusiasmado estaba con las raras especies que acababa de encontrar, se vio sorprendido por un gigante que le quería atrapar. Gulliver echó a correr con el resto de los marineros, que huían despavoridos, pero no le sirvió de nada.

El gigante cogió a Gulliver
con sus enormes manos
y lo alzó hasta
la altura
de sus ojos.

El gigante pensó que podía ganar mucho dinero exhibiendo a Gulliver por los pueblos. Así, fue llevado de lugar en lugar y obligado a luchar con la espada, luciendo sus habilidades delante de la gente que pagaba por verle.

Un día fueron a la capital del reino. La reina en persona se mostró interesada en Gulliver y se lo compró al gigante por cien monedas de oro.

La reina ordenó que le construyeran una casa adecuada a su tamaño. Sin embargo, todo tipo de peligros le acechaban. Una noche, un horrible zumbido le despertó. Tres avispas enormes avanzaban hacia él. Gulliver echó mano a su espada y, como era muy hábil con ella, pudo salir vencedor de tan original combate.

Tras este incidente, la reina, a pesar del cariño que le había tomado a Gulliver, dispuso un navío para que pudiera volver a casa y le dio dinero para que no tuviera que pasar más penurias. Gulliver dedicó el resto de su vida a escribir sus aventuras.

Peter Pan

Todas las noches, antes de ir a dormir,
Wendy contaba a sus dos hermanos
menores su cuento favorito.
Era el de Peter Pan, un niño que vivía
con las hadas y que no quería crecer.
Una noche, Peter Pan y el hada Campanilla
aparecieron en la ventana de la habitación
e invitaron a los niños a viajar
al país de Nuncajamás.

Los niños aceptaron y, contagiados
por la magia del hada, volaron
hasta llegar a una bella isla,
donde decidieron construir una
casa para vivir todos juntos.
Wendy, por las noches, seguía contando
el cuento a sus hermanos
y todos eran muy felices.

Una noche, el capitán Garfio y sus
temibles secuaces les atacaron;
raptaron a Wendy y a sus hermanos
y echaron veneno en la copa
de agua de Peter Pan,
para que así no pudiera seguirles.

Al día siguiente, Peter Pan, ajeno a lo que
había ocurrido durante la noche,
intentó beber agua de su copa,
pero Campanilla se lo impidió,
cayendo ella misma fulminada
por el efecto del veneno.
Usando la magia aprendida de las hadas,
Peter Pan pudo salvar a la
dulce Campanilla.

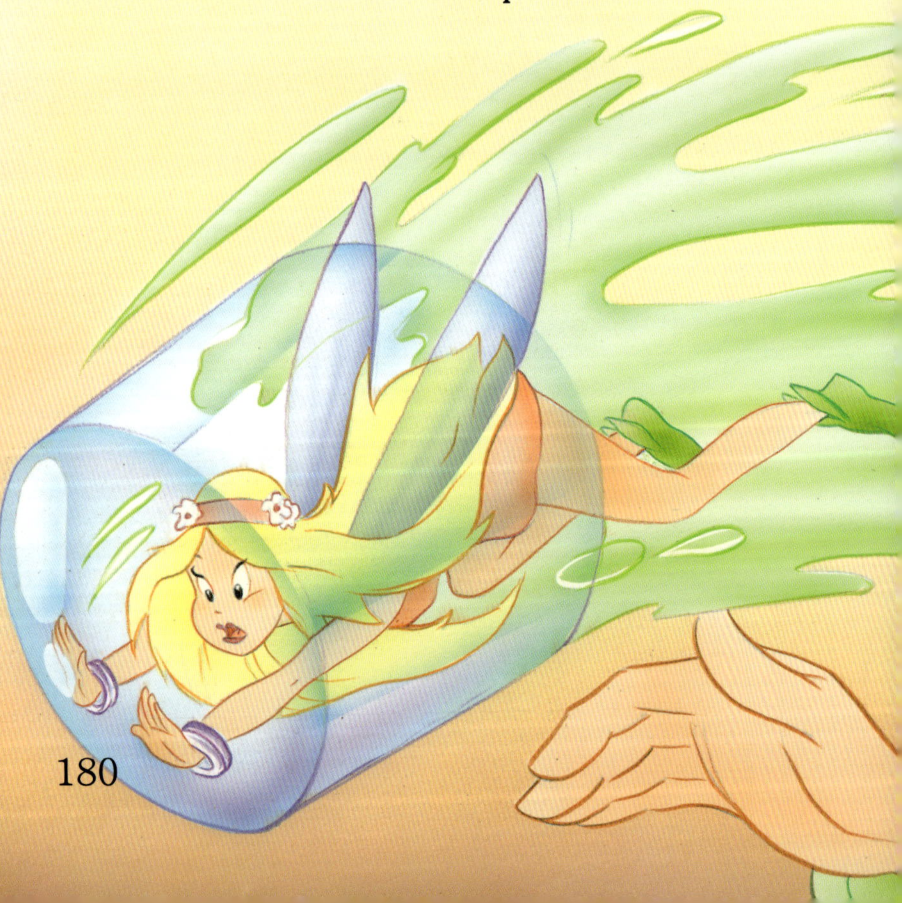

Al instante, Peter Pan se dio cuenta
de que Garfio había raptado a Wendy
y sus hermanos, de modo que corrió
en su ayuda.
Se enfrentó valientemente al malvado
y, de una sola estocada,
salió vencedor de la contienda.

Garfio cayó al agua,
donde un grupo de feroces cocodrilos,
los mismos que hacía tiempo
le habían devorado la mano,
le esperaban para darse
un buen banquete.

Mientras tanto, los padres de Wendy estaban preocupadísimos por sus hijos. No podían imaginar el motivo de su desaparición. Ellos eran buenos padres y les adoraban. Como Peter Pan lo sabía, decidió acompañarles a casa.

Una vez en casa, los niños abrazaron
a sus padres y les prometieron no volver
a escaparse nunca más. Mientras, Peter Pan
regresaba al país de Nuncajamás,
seguro de haber hecho lo correcto,
aunque algo triste por alejarse
de sus amigos.